EIN LÄ-CHELN AM WEG-RAND

Marianne Mani

Gedichte

3. Auflage Frühjahr 2018

Edition 381 | www.edition381.ch

Schrift: Arnhem, AkkuratStd
Gestaltung: Laila Defelice

Herstellung: Books on Demand GmbH, Norderstedt
Papier: Cremeweiss, 90 g/m²

ISBN 978-3-907110-04-1

Für meinen Vater

AU
GEN
BLI
CKE

Zeit

Im Fluss der Zeit
stehe ich
werfe die Angel aus
nach den Fischen
des Augenblicks.

Manche bleiben hängen
werden Erinnerung.
Viele huschen vorbei
unbemerkt
in ihrem Reichtum

jetzt – und jetzt –

Gedanken

Während ich untätig
am Fenster sitze
kommen Gedanken von nirgendwo
und bitten um Aufenthaltserlaubnis.

Einige schicke ich zurück
zu ihrer missmutigen Familie.
Andere erinnern mich
an eine fast vergessne Liebe –
sie wärmen mein altes Herz.

Manche mag ich
gar nicht mehr sehen –
zu oft standen sie vor mir.
Sie langweilen mich.

Aber einigen
baue ich ein Schloss
mit Wintergarten und Orangerie
einem prächtigen Ballsaal
und verschwiegenem Turmzimmer.

Andere
müssen in der Garage hausen.

Und manche
lassen sich einfach nicht abweisen.
Sie streichen um mein Haus
und fordern ständig erneut Einlass.

Ich bin heute nicht zu Hause!

La festa è finita

Drei Töne hängen noch
in den Geranien des Balkons.
Unten der Platz ist
wieder leer geräumt.

Ein halb verbrauchter Besen
starrt in den blauen Himmel
zwischen den Borsten
der Rest eines Gelächters.
In den Ritzen der Steine
hier ein Tip, dort ein Taptap
tanzender Füße.

Nur eine Bühne steht noch da
erinnert sich an
schwarzes Lächeln.

Die Bohlen zittern nach
vom Stampfen des Saxofonisten.
Diamond Mary preist den Lord
jetzt woanders.
Der kleine Pianist
geht wieder in die Schule –
den ersten Ruhm vergisst er nie.

Verweht die Andacht
in der Kirche –
Hunderte im Rhythmus einer Band.

In der Erinnerung noch ein paar Blicke
kräftige Trommlerhände bei steifem Rücken
ein paar Töne.

La festa è finita …

Lärm

Die Amseln singen an
gegen den Lärm der Säge.

Dazwischen meldet sich der Rabe.

Fast hätte ich vergessen
dass ich im Wald bin.

Zwiegespräch

Ein Specht
klopft seine Botschaft
auf winterstarre Rinde.

Einwände
erhebt ein anderer
drei Bäume weiter.

Morgengesang

Die Vögel trinken
die Träume des Schlafs
gewebt aus dem Wissen
von Dunkel und Licht.

Beim ersten Tageslicht
verwandeln sie alles
in ihren Morgengesang.

Sommerabend

Zärtlichkeit umhüllt mich sanft
ein Lächeln, unversehens
mir geschenkt.

Die Schatten an der Wand berühren sich.
Zikaden im Gespräch mit Tauben
dazwischen kräht ein Hahn.

Leichtfüßig bringt mir
warmer Sommerwind
geheime Botschaft.

Frühlingsnacht

Warmer Wind, Ärger
und etwas Selbstbehauptung.

Der Wind weht Wolken über den Mond
sie leuchten auf, an ihren Rändern schimmernd
fliegen in Fetzen weiter und geben Sterne frei.
Fahnen flattern und klirren an den Stangen.

Der warme Frühlingswind weht alles weg
den Schmerz, die Bitterkeit und den Streit.

Herbsttag

Das tote Laub
streift raschelnd meinen Arm.

Wie süß das Leben damals war
wie weich die Haut
als meine Finger sie berührten
dein blauer Blick mich traf
noch schlafverhangen
und noch frei von Härte
und Blütenblätter regneten
im warmen Wind auf nasses Gras.

Doch heute stehe ich
auf goldnen Schatten des gefallnen Laubs.

Wolkenschatten

Die Wolken legen
dunkle Schatten
auf sommergrünen Wald.

Der Wind treibt ihn
von Baum zu Baum
macht Dunkles hell
und Helles schwer.

Herbstwind

Eine Armee von braunen Blättern
fegt tobender Wind
über die Straße hinweg.

Sie rasen zu mir her
in wilder Formation
aufrecht, ein letztes Mal
auf ihren Rändern tanzend
und sinken dann hinab.

Oben, in kühler Bläue
jagen Wolkenfetzen
weiß zerzaust.

Herbstblatt

Aufrecht
auf Zehenspitzen
spiegelt es sich
im Wasser.

Noch
ergibt es sich nicht.

Nach dem Sturm

Wie schwarze Lappen
hängen Vögel
in leeren Bäumen
gestrandet
nach dem Sturm
verloren gegangen
auf der Flucht
vergessen
verirrt
nie angekommen.

Rot

Dem roten Licht zugewandt
stehen die Bäume
als warten sie
auf das Ende der Welt

lassen die Zweige
tanzen im Wind
lauschend
unhörbarer Melodie

stehen da, träumend
bis ein Windstoß
sie weckt zum Tanz
in einer neuen Welt.

Doch die Vögel singen
dem Frühling entgegen
wie jedes Jahr.

Rauchzeichen

Kaltblauer Himmel.
Rauch steigt auf
über dem Haus

zieht mit sich
Geschwätz der Bewohner
Lachen und Angst und ihre Träume

trägt die Schreie der Vögel
heimliche Botschaften
von Baum zu Baum

bewahrt sorgsam
Stille des Waldes
alterslos

löst sich langsam auf
in der Kälte
und vergeht.

Aber irgendwo
leben sie weiter:
Geschwätz und Lachen

Angst und Schreie
Träume und Stille
jahrtausendalt.

Warten

Warten
auf das Ende der Schmerzen

auf den Morgen
nach schlafloser Nacht

auf das Wort
das endlich heilt

auf den Augenblick
an dem die Reise beginnt

und irgendwann
sinkt die Unruhe
hinab
auf den Grund
der Ruhe

in dem Moment
dazwischen.

Das große und das kleine Glück

Die Sonne scheint
auf alte Bäume
sie leuchten auf
im Abendlicht.

Der alte Schmerz ist eingeschlafen
doch ich bin wach.

Das Kind, das ich geboren habe
wird still in meinem Arm.

So lange warst du fort
doch jetzt bist du bei mir.

Ich bin gesehen, wie ich bin
du hörst mir zu.

Ich sitze still.
Nichts ist zu tun.
Der Körper ruht sich aus
ich bin ganz hier.

Ich finde es noch immer
das Glück, klein oder groß.

Jeux d'eaux

Mit schwerelosen Tönen
schlüpft das Glück
durch meine Tür.
Es hüpft auf meinen Bauch
lässt sich dort nieder
macht sich auf mir breit
und bleibt bei mir
bis die Musik
verklingt.

Bodenlos

Vor dem Hinübergleiten
In den Schlaf
öffnet sich jäh
ein Abgrund
ohne Grund
in den alles
hineinstürzt
was fest erschien.

Nirgends ein Halt
und das
was mich
zusammenhält
droht zu
zerfallen.
Plötzlich
fängt Schlaf mich auf.

Wache ich auf
dann bin ich wieder ganz.

Was bleibt

Viele Fotos
zwei, drei Briefe
Erinnerung an Lachen
und reichlich Unverkäufliches.

Der Hauch eines Kusses
auf Kinderhaar –
wie klein wir damals waren!
In einer Ecke hockt noch alter Groll.

Nachdem die Wohnung
geräumt ist:
Erleichterung.

Die Brücke

Wir sind einander
weltenfern
scheinbar geschützt
in unserem Revier.

Versuchen wir
uns zu berührn
verfehlen wir uns
beispiellos
und ungewollt
verletzen wir.
Doch manchmal
baut die Liebe
eine Brücke

leichtfüßig
strahlend
filigran.

ALL TAG

Morgen

Die Vögel schreien
in die Stille hinein
brechen den Morgen auf
wie eine reife Frucht.

Meine Ohren
verbergen ihr Lied
und geben es
nicht mehr her.

So beginne ich den Tag.

Einer dieser Tage

Wenn du heut an mich denkst
dann nicht, wie ich am Morgen war
als ich dich rasch verließ.

Der Alltag riss mich fort
und meine Seele kroch
ins Alltagskleid.

Die Zärtlichkeit
blieb in der Nacht zurück.

Tagwerk

Ich lebe meine Tage
indem ich sie verbringe.

Die Dinge kommen mir entgegen
dann wende ich mich ihnen zu
und schaue sie mir an.

Zuweilen sprechen sie zu mir:
mach schnell, nimm mich zuerst
vergiss mich nicht!

Gelegentlich such ich sie auf
denn manches Mal sind es
vergessne Kostbarkeiten.

Dann schaue ich,
was wir gemeinsam tun.

Gewohnheit

Ich machte mich
dir unentbehrlich
dann war ich
selbstverständlich.

Die Liebe, die sich
eingeschlichen hat
löste sich auf.

Liebst du mich
brauchst du mich
hast du dich
an mich gewöhnt?

Am Abend

Am Abend
stehen wir uns gegenüber
und zwischen uns
liegt noch der Tag.

Es dauert lang
bis ich dich wiederfinde
durch all die Schlacke
dieses Tags hindurch.

Schlaf

Schlaf löscht den Tag
schenkt Träume mit Reisen
denkbar und undenkbar
und mit Geschichten
seltsam vertraut und
ganz unglaublich.

Langsam wache ich auf
in den neuen Tag
ziehe unbemerkt mit mir
die Schleppe eines Traums.

Worte

Du liegst dicht neben mir
und bist doch wie
auf einem anderen Planeten.

Was ich dir sagen will
verändert sich auf seinem Weg von mir zu dir
und du verstehst mich nicht.

Und dennoch
liegst du immer noch
dicht neben mir.

Glasklar ist die Wut
schneidend und grell
bricht lärmend aus
verstummt zwischen Trümmern.

Missbilligend setzt sich
die kleine Schwester Ärger fest
nistet sich ein
und vergiftet den Tag.

Das Kleid

Ich trage meine Trauer
wie ein Kleid, das man
mir einmal angepasst

und immer wartet es
dass ich es trage, nie
ist es zu weit, zu eng.

Wieder und wieder
trage ich dies Kleid
das mir stets passt

als sei ich dazu da
um dieses Kleid zu tragen
dies Kleid, das nie verschleißt.

Besuch kommt (Notizzettel)

Das Haus geputzt
der Kies gerecht
die Spinnen roh verjagt.
Staub aufgewirbelt
Ecken umgeräumt
(damit's den zwein behagt!)

Menüplan ausgedacht
(wird doch nicht ausgeführt)
die Ankunftszeit erkundet *20.30*
den Garten inspiziert
(ist alles nicht so weit)
Radieschen leicht sich rundet.

Kinder ermahnt
Unkraut gerupft
(5 Spinnweben vergessen)
Rasen gekämmt *wo Kamm?*
Baum abgestaubt
Sie sind schon hinter Hessen!

Straße bohnern *Bohnerwachs kaufen*
Schlüssel holen *Frau Fontana*
Essen machen *Rezept S. 81*
Kinder ins Bett *trödeln*

Katzen füttern	*neue Dose*
Freudenfeuer entfachen.	*Feuerzeug!*

Jetzt sind sie endlich da
herzlich willkommen!

Bahnhof

Aus dem Abstellgleis
habe ich einen
Bahnhof gemacht.

Sie wollten ihn schließen
aber da Züge um Züge hier hielten
viele ein- und ausstiegen
ich den Schalter nicht verließ
und weiterhin den Bahnübergang schützte
ließen sie ihn bestehen.

Ich bin nun fort
aber den Bahnhof
gibt es noch immer.

Der kleine Laden

Ein kleiner, dunkler Laden.
Inmitten uralter Geräte
sitzt eine junge Frau
lila der Kittel, grellrot der Mund
schwarz umrandet die Augen
und leer der Blick.

Regungslos sitzt sie dort
genauso wie vor Wochen
als sei sie irrtümlich dort abgesetzt
und dann vergessen worden.
Morgen wird sie dort sitzen
und sicher übermorgen.

Und Jahre später wird der Tod
sie zufällig entdecken
einsam auf ihrer kleinen Insel
das grelle Rot der Lippen
mit Staub bedeckt
und leerem Blick.

JAHRESZEITEN

Frühlingsregen

Frühlingsregen fällt so sanft auf meinen Wald
und es tönen leis die Tropfen auf den Zweigen.
Gestern noch war es so seltsam kalt.
Heute möcht ich weitergehn durchs dunkle
Schweigen.

Machtvoll breitet sich der Wald dort aus
droht und lockt und ängstigt mich.
Neben mir versinkt das letzte Haus
und die düstre Wand, sie öffnet sich.

Kalter Wind bläst achtlos ins Gesicht
rauschend biegt sich jeder hohe Baum.
Finster ist der Himmel, ohne Licht.
Ganz allein steh ich im weiten Raum.

Durch die Stämme möcht ich endlos gehen
bis ins Herz des Waldes, das noch keiner fand
all die Stimmen, die er hat, verstehen
sacht berührn sein silbernes Gewand.

Wenn mein Herz dann leis mit seinem schlägt
meine Hände raues Holz berühren
keine Sehnsucht mehr mein Herz bewegt
öffnen lautlos sich die letzten Türen.

Frühlingsregen fällt so sanft auf meinen Wald
und es tönen leis die Tropfen auf den Zweigen.
Laut mein Herzschlag durch die Räume hallt
und ich gehe ein ins ewge Schweigen.

Vorfrühling

Die Bäume stehn noch kahl
Im Sonnenlicht.

Schon ahne ich
den Hauch von Grün
der morgen sie umhüllt.

Dann ziehn sich Bäume an
und Mädchen ziehn sich aus.

Frühlingsfest der Bäume

Die Tannen
eröffnen feierlich das Fest.
Hellgrüne Spitzen putzen ihre dunklen Kleider.

Der Feuerdorn
ist nicht zu übersehn
mit seinen roten Knöpfen
auf grünem Frack.

Zahlreich
ist die Familie Hirtentäschchen
und alle sind erschienen.
Die Jungen stehn Spalier in grünen Sammethosen
und leise hört man ihre Schwestern tuscheln.

Nicht wenig eitel sind die Pfirsiche:
ein Hauch von Tüll und viele Spitzen
und die Gesichter klein und jung und keck.

Etwas verspätet sind die Birnen.
Sie hatten sehr viel Mühe
mit ihren weißen Rüschenkleidern:
Bis alle Fältchen glatt gebügelt waren!

Die Birken stehen dicht beisammen
lichtgrünes Musselin
vors lachende Gesicht gezogen.

Die alte Tanne drüben
hat ihre Robe nicht gefunden –
sie ist schon sehr zerstreut.
Verlegen hält sie ein paar dicke Zapfen fest.

Nur die Kastanien schlafen noch
in braunem Nachtgewand
bis sie das Festgetöse weckt.

Beim letzten Tanz sind sie dabei –
und dann beginnt der Frühling!

Bilderbuchsommer

Gladiolen flammen rot herab
auf Polster, dicht besteckt mit Nelken.

Ein Aquarell von Wicken
hält seine Flügel still
und duftet fein in Lachs und Hellblau.

Die eine Rose sticht die andre aus.
Doch unbekümmert klettert die Clematis
schlägt lächelnd ihre blauen Augen auf.

Zwei Katzen huschen schwarz verspielt
durchs Erbsenbeet.
Schwarzwurzeln rascheln aufgebracht.

Auf grünem Dill
sitzt eine dicke Raupe
verdaut und träumt vom Fliegen.

Tomaten sehn einander an
und werden langsam rot.

Die Hitze steht ums Haus
in regungsloser Schwüle.

Sommertage

Ein Sommertag
an dem anscheinend
nichts geschieht.
Über leerheißer Straße
steht regungslos die Luft.

Doch unbemerkt reift es heran.
Ich werde mich niemals erinnern
an diesen hellen Tag
doch seine Frucht schmeckt süß
wenn draußen Kälte klirrt.

Hornissenlied

Ein großer Garten, voll von Obst
am Baum und auf der Erde
ein Narr, wenn du nicht mit uns lobst
den Herbst, der uns ernährte.

Wir danken euch, ihr Würmer all
die uns das Obst anbohrten
wir hatten oft die Qual der Wahl
mit Pforten aller Sorten.

Schön aufgeplatzt lag allerlei
vom Sturmwind jüngst verloren.
Wir alle stürzten auf den Brei
auf Früchte, leicht vergoren.

Der Kompost war Versammlungsort
wir hockten auf den Resten
und flog dann endlich einer fort
kam er zurück mit Gästen.

Die Fäulnis ist der beste Koch
wir habens gerne patschig.
So singen wir ein letztes Hoch
auf Früchte, faul und matschig

auf Herbst und Wind und Sonnenschein
auf Würmer und auf Maden
auf Küchenreste, süß und fein
hinauf bis an die Waden.

Sommernacht

Gewebt aus Dunkelheit
und Wind und Wolken
aus Gras und Sommerblumen
Lachen und Erinnerung
an Kindheit und Erwartung übergroß –
der ganze Zauber einer Sommernacht.

Altweibersommer

Überall Fäden
streifen Gesicht und Haar
kommen von nirgendwo
und hängen fest
wie klebriges Geschwätz.

Ein kühler Restsommer
vor dem Alter.

Die Sonne erbarmt sich
und wärmt den Tag.

Nachsommer

Herbstwind
hüllt mich ein
in kühle Wärme

umbraust mich mit
verspäteter Botschaft
des Sommers:

zu früh
schon an den
Winter zu denken.

Herbstliche Ingredienzien

Modrig feuchte Herbstluft
durchweichte Blätter auf Waldboden
Pilze und der Geruch von Erde
Nebeltröpfchen in der Sonne
vertrocknetes Kraut im Gemüsegarten
Kartoffelfeuerrauch vor langer, langer Zeit
Kastanie, die die Haut verbrennt
morgens kalt, mittags warm, abends kalt.

Herbst

Die Bäume ziehn sich langsam aus
und machen sich bereit
für ihren großen Schlaf

der seine Nebeldecke auf sie legt.
Die Blätter flammen loh
dagegen an

bis Schnee sie deckt
und Schweigen.

Doch in den Stämmen
pocht verhalten Leben.

Schneelandschaft

Der Himmel hängt herab bis auf die Bäume
fast kann mein kleiner Finger ihn berühren.
Unmerklich ändern sich vertraute Räume
gewohnte Wege in die Weite führen.

Sie dehnen sich und werden Fläche, Raum
das Auge findet keine Grenze mehr.
Der Himmel mischt sich mit der Erde Saum
und beide sind unendlich, graues Meer.

Die Wege haben nun ihr Ziel verloren.
Der Abend senkt sich über eine neue Welt.
Ich werde wieder neu geboren
Mondlicht auf meine Schritte fällt.

UN
TER
WEGS

Der Obdachlose

Draußen verbrachte Jahre
legten dunkle Patina
auf sein Gesicht.
Er bettelt nicht.

Noch immer geht er aufrecht
begeht sein Feld
mit klarem Blick
und ruhig, ohne Hast.

Manchmal sitzt er
in einer stillen Ecke
der Sonne zugewandt
und alles an ihm lächelt.

Inzwischen sind die Kleider abgetragen
das Bündel, das er trägt, ist klein
und dann und wann sind seine Füße nackt
auch wenn es kalt und nass ist.

Seit Jahren seh ich ihn am selben Ort.
Sein heller Blick erinnert mich
an den des jüngsten Sohns
der sich die Königstochter einst gewann.

Den Weg zu ihr
hat er noch immer nicht gefunden.

Balanceakt

Eine gespenstische Gestalt
entfernt sich von dem Gehsteig
stakst über den leeren Platz
als würde sie verfolgt
ringt um ihr Gleichgewicht
weit ausgreifend bei jedem Schritt
als hielten unsichtbare Hände
die Füße fest.

Sie ist alleine auf dem Platz
gleichsam auf einer Bühne
weithin sichtbar
in ihrer wirren Fuchtelei
verschwindet zwischen Menschen, Häusern
und nimmt mit sich
die rätselhafte Krankheit.

Langsam füllt sich der Platz.

Nähmaschinenschritte

Klein und zerbrechlich
scharf geschnitten und kühl
das Vogelgesicht
so begegnet sie mir
gelegentlich.

Sie ist sehr alt.
Doch unerbittlich sticheln
die Schritte ihren Weg
gleichmäßig und sehr rasch.

Wir begegnen uns nicht mehr.

Im Tram

Ein helles Lächeln
sitzt mir gegenüber
blauäugig, blond und dick.

Was tuts, das heut
die Sonne sich verbirgt?

Haltestelle

Sehr langsam kommt er mir entgegen.
Unsicher prüft er jeden Schritt
sich vergewissernd, ob er jetzt
am Boden angekommen ist.

Dann steht er neben mir.
Ich sehe seine Hand:
ein dicker Klumpen.
Formlos hängt sie an ihm hinab.

Er steht ganz ruhig da
und er verbirgt sie nicht.

Er spricht

Langsam und freundlich
holt er die Worte
aus der Tiefe
seiner gedrungenen Gestalt.

Nachdrücklich schiebt er sie herauf
und drückt sie dann gepresst heraus.
Gespannt erwarte ich sie
eins ums andere.

Einzeln legt er sie
vor mich hin
und jedes hat den Klang
verlorner Heimat

kindheitvertraut.

Das Lächeln des Fischers

Zwischen zahllosen Figuren
steht die eines Fischers
aus Holz geschnitzt.

Er sitzt ganz ruhig da.
Die Angel hält er in der Linken
und in der Rechten liegt ein Fisch.
Die Stirn ist hoch und klar
und seine Augen schauen
über den Fang hinweg.

Ein leises Lächeln liegt auf seinen Lippen
als nehme er schon Abschied von dem Fisch

als ob er ihm gehöre
ohne sein Eigentum zu sein
als wenn er ihn empfinge
während er ihn schon weggegeben hat

als wäre dieser Fang
Teil eines rätselhaften Spiels
an dem er teilhat.

Er hält und lässt in einem.

Ferien

Sand ist im Kaffee
und Blätter fallen auf das Brot.
Der Wind verweht die hellen Tage.

Das Bett ist eine dünne Matte
die mich die Erde spüren lässt.
Die Sterne lachen ins Gesicht

und jeder Augenblick hat jetzt Gewicht.

Gewitter in den Bergen

Räume, die ich nie sah
beginnen laut zu tönen.

Wolken weinen sich aus
und lassen Frieden zurück.

Ein Baum rauscht leise vor sich hin.
Donner vergrollt.

Schlaf breitet sich aus über das Tal.

Tessin

Palmen
raschelnde Fächer im Sommerwind
zeigen mit spitzen Fingern
auf mich.

Hortensien
lächeln blau.

In leichten Dunst gehüllt
verstecken die Berge Elfen und Nymphen.
Wenn ich lausche, höre ich vielleicht
das Gelächter des Fauns.

Alle wollen ihr nahe sein
der Göttin Stille
und so kommen sie mit viel Lärm
bis sie geflohen ist

vielleicht zur Milchstraße
auf der Suche nach dem Planet
der ungestörten Ruhe.

Uns, die wir sie leise suchten
grüßt sie mit ein paar Meteoriten
die sie lächelnd nach sich streut.

Vielleicht kommt sie zurück
zum Begräbnis der Maschinen.

Via Mala

Jahrmillionen
verborgen in verwittertem Gestein
bewachte unbewegt der Berggeist
Saumpfade der Vergangenheit.
Den Fels, der lang das Flussbett hemmte
ihn warf er einst im Zorn.

Doch letzte Nacht
als wir zu seinen Füßen schliefen
und seinen Atem spürten
das Wasserrauschen seiner Adern
den Schlaf begleitete
da trat sein Kopf hervor aus dem Gestein
und sah uns an.

Am Morgen
enthüllt die Sonne
nur noch verwittertes Gestein.

Lissabon

Fado weht durch die Gasse.

Den schweren Körper schleppt die Frau
Stufe um Stufe hoch hinauf.
Dann bleibt sie stehn
und ich erinnre mich
an diese abgrundtiefe Mattigkeit.

Die alte Straßenbahn
rumpelt um alle Kurven
saugt Menschen ein
und stößt sie wieder aus
irgendwo.

In schwarzem Mantel eingehüllt
sitzt eine alte Frau
seit Stunden scheinbar regungslos
während zahllose Entenküken
schreiend an ihr vorüberhasten.

Fado streicht durch den Abend
trägt mit sich alten Schmerz.

Danquelle

Gründämmrige Wildnis –
der Quellbach windet sich
durch Büsche, unbekannte Bäume.

Ein schmaler Pfad begleitet ihn
entweicht und kreuzt ihn unversehens.

Das Wasser ist nun zwischen uns
mit Steinen, zufällig hineingestreut.

Du kommst, nimmst meine Hand in deine
so gehen wir von Stein zu Stein hinüber.

Dann lichtet sich der Blätterwald.
Du gehst voran.

Erde

Heute trägst du ein neues Kleid.

Gestern noch war es feuchte, silberne Nässe
nun aber gleitet Sonnenlicht
über deine leuchtenden Glieder.

In der Nacht war deine Haube perlenbestickt.
Heute wallt weißes Nebelhaar
über die spitze Tannenbrust.

Leuchtende Laubflecken glühen
auf graugrün felsigen Hüften.
Sattes Moos deckt den Weg zu deinem Schoß

zu deinen Höhlen
Quellen und Klüften
den Orten verborgener Schätze.

Im Morgenwind weht dein Sonnenkleid.

Tannen

Die alten Tannen
verwandelt der Wind in
übermütig tanzende Mädchen.

Wiegt er ihre Arme
spielen die grünen
Tannenfinger im Licht.

Fegt er durchs Gehölz
wiegt er sie unsichtbar
in seinem Takt.

Fest verwurzelt im Boden
lassen sie grünnadlige Zweige kreisen
weit offen für seinen Hauch.

Auf der dunklen Leiter der Äste
klettert er leichtfüßig hinauf
küsst ihre Kronen und verlässt sie brausend.

Wagenspur

Gestern noch
schwammen graue Inseln
Froschei an Ei
und jeder schwarze Punkt
bewegte sich.

Heute
türmen sich dunkle Hügel
in feuchter Wagenspur.
Die schwarzen Punkte
bleiben leblos.

Erbarmungslos
trocknet der Wind
das Land.

CHI
NA

Altes Paar

Damals
fiel dein Haar
als schwarzer, weicher Schleier
über dein liebliches Gesicht.

Traurig
und spröde
so hängt es jetzt
vor deinen leeren Augen.

Lass uns das Elend
sammeln und verbrennen –
die Asche unsres Lebens
streun in den Wind
wenn er am stärksten weht.

Und dann sehn wir uns an
als wäre es das erste Mal.

Bauernlied

Hab ihn gesehen
hat er gelächelt
wollt ich ihn haben
nachts neben mir.

Nahm er mich mit.
Hab nun fremde Eltern
aber er liegt
nachts neben mir.

Hab nun ein Kind
manchmal sein Lächeln
sein schwarzes Haar
nachts neben mir.

Tag voller Arbeit
Kind schreit, ist krank.
Er liegt voll Sorgen
nachts neben mir.

Ist nun mein Leben
und ist mein Mann.
Und immer noch liegt er
nachts neben mir.

Und dann der Tag
den ich nie vergess.
Nie mehr liegt er
nachts neben mir.

Wärst du hier
wie leicht wär dein Gewicht auf meiner Haut!
Dein Atem regnete herab
auf mein Gesicht
und Lächeln wäre zwischen uns.

Die Jahre, eingegraben in die Hände
ließen sie dennoch sanft wie Blumen sein
wenn sie mich leicht berührn.

Wärst du hier
wie zärtlich wäre unsre Nacht!
Ich könnte deine Jahre wärmen
die, denen Leichtigkeit
und Lachen fehlte

und unsre alte Haut
wär wieder jung wie damals
als sie die erste Liebe spürte.

Wärst du hier.

Später Nachmittag im Dong-Dorf

An altersdunklen Balken
hängt schwarzer Stoff
von Haus zu Haus.

Mühsam an Stöcken
mit gekrümmtem Rücken
zieht sich die alte Frau den Weg entlang.
Ein großer schwarzer Falter
fliegt über sie hinweg.

Zwischen den alten Häusern
schwimmen die Kinder lachend im Fluss.
Zahllose Gänse, dicht gedrängt
erwarten auf dem Markt
ihr Schicksal.

Auf einer alten Brücke
sitzen und liegen die Männer
müde vom Tag und vom Alter.
Sie reden und schweigen
und schauen.

Wieder und wieder
fällt ein Hammer
auf schwarzen Stoff.

Ein Lächeln am Wegrand

In der weiten Landschaft
ihres runden Gesichts
ruht ihr ganzes Leben.

Jede Falte darin
ist ein freundlicher Weg
zu einer Erfahrung.

Die hellen Augen
ein Lächeln, mir zugewandt
tragen ihre Geschichte.

Neben ihr auf der Bank
hätte ich sitzen sollen
und Zeit mit ihr teilen.

Am Fluss

Regenschleier
wirft der Flussgott morgens
über die Berge.

Darunter
machen sie sich zurecht
für den Tag.

Am Mittag
strahlen sie leuchtend grün
in der Sonne.

Die Berge von Guilin

Wirf deinen Schleier, Regen, über uns
wir wollen noch Verstecken spielen.
Der Tag ist noch zu früh
und Träume hängen immer noch
hoch in der Luft.

Erst wenn sie ausgebreitet
und verwoben
beginnt der Tag.

Yangtze

Tief unten im Fluss
schläft die Stadt.

Verschonte Häuser am Berg
hüten den Schmerz
verlorener Heimat.

Hahnenschrei und
aufsteigender Rauch
vertreiben Verlassenheit.

Braun schäumend
trägt der Fluss
Vergangenheit fort.

Inseln von Müll
ziehn über die Tiefe hinweg.
Über den Ufern liegt Dunst.

Mit schweren Herzen
erschaffen Menschen
Heimat neu.

Tief unten im Fluss
bleiben Gräber zurück.

GE
OR
GI
EN

Die Stille ist viel lauter noch als sonst.
Erschöpfte Falter gleiten schwankend auf
das Gras.

Die Kälte kriecht den Hang hinauf
und Wolken hängen grau herab.

Die Wärme seines Körpers ist bei ihr.
Einsam ist meine Haut, ich steh allein.

Der Berg, mein Berg trägt mich wie stets.
Tief drinnen pocht mein Herz.

Ein Tag in Tbilisi

Kühl wie der Wind
der durch die Räume zieht
so trittst du ein.

Freundlichkeit
steht steif im Raum
und wärmt mich nicht.

Am Abend liegt ein Toter
neben dem Gleis
ein rotes Tuch auf dem Gesicht.

Mein Liebster

Mein Liebster reitet
auf den Flügeln der Nacht –
Herrscher im dunklen Reich
meiner Träume.

Einst saß er bei mir
im Urgrund der Zeit.
Seitdem warte ich, dass er
mich wiedererkennt.

Dann hebt mich mein Liebster
auf die Flügel der Zeit.
Gemeinsam herrschen wir
im Reich der Nacht.

Am Morgen steigen wir
hinein in den Tag
halten das Licht der Nacht
in unserer Hand.

Und wir reiten gemeinsam
durch Tag und Zeit.

Gemeinsam essen
und schaukeln unter Bäumen

eine wirre Frau und ein klares Kind
übrige Früchte vom Tisch
und von der Quelle das Wasser

eine flüchtige Zärtlichkeit
und eine kleine Enttäuschung.

So klingt der Tag
mit seiner schlichten Melodie
und sinkt verstummend in die Nacht.

Spurensuche

Such deine Spuren
Jahr für Jahr.

Heuschrecken stieben auf
von meinem Schritt
Zikadenlaut wie einst
und Stille.

Such unsre Spuren
dieses Jahr.

Meine Asche wird hier liegen
als geheime Botschaft
auf den Gräsern.

Leichter Wind wird sie bewegen.
Zeichen setzt sie in die Luft
unsichtbar.

Wieder werde ich hier sitzen
viele Leben später
ihrem Flüstern lauschen

und die Melodie des Windes
wird sie mir
wie immer bringen.

Auf der Erde sitz ich heute
und ich lausche
längst vergangnen Leben.

DU
UND
ICH

Begegnung

Zwei Kraniche
begegnen sich im Flug
berühren sich
sehr leicht und zärtlich.

Und jeder nimmt mit sich
das Bild des andern.

Komm, kleine Elster

Komm, kleine Elster, flieg ein Weilchen mit mir.
Dein Lied, es klingt so hell in meinen Ohren
das Rauschen deiner Flügel füllt die Stille
und gerne streiche ich dir durchs Gefieder.

Dein Ziel – ich weiß, es ist auf jener Seite
und lange haben wir nicht gleichen Weg.
Doch jetzt bist du noch ganz in meiner Nähe.
Komm, fliegen wir ein Stück gemeinsam.

Post

Ich schicke Wolken zu dir.
Sie ziehen langsam
wie schwere Schiffe
der Heimat zu.

Ich belade sie
mit Gedanken
mit Küssen und kleinen Freuden.
Du bist ihr Polarstern.

Wolkenschiffe
Boten zwischen mir und dir
Wolkenschiffe
leise Werber, zieht zu ihm.

Lass sie regenschwer und flockenleicht
erdenlangsam oder traumschnell sein
denk nur dies: ich schicke Wolkenboten
Liebesboten, lass sie freundlich ein.

Dein Gesicht

In deinem Gesicht
möcht ich so gern spazieren gehn
denn meine Augen kommen
viel zu wenig nah.

In deinen Falten ahnte ich
die Wege deines Lebens
hinter der Haut die Freundlichkeit
die unvermittelt aufscheint.

Halt machte ich zur Tränenrast
an Teichen deiner Augen
und käm ich an bei deinem Mund
dann wär ich ganz bei dir.

Tanz

Regungslos
so sitzen wir einander gegenüber.

Du öffnest deine Augen tief.
Ich halt mich fest an ihren Rändern
um nicht zu weit zu fallen

und deine Seele fliegt
aus deinen Augen hin zu mir
ruht aus auf meinem Lächeln.

Dann tanzen unsre Seelen miteinander.

Das Gewand der Liebe

Die Freude in deinen Augen
wenn du mich ansiehst
hüllt mich in ein
fürstliches Gewand.

Schau nur
wie schön mich
die Liebe macht.

Regen

Der Regen nässt die Dächer,
lädt die Gedanken ein.
Komm nah mit deiner Wärme
lass uns beisammen sein.

Die Tropfen sind wie Herzschlag
der Regen sanft wie du.
Das laute Herbstgewitter
es stört nicht unsre Ruh.

Der Regen und die Sonne
sie beide hülln uns ein.
Komm, rück ein bisschen näher
wir wolln beisammen sein.

Nachts

Die Nacht legt ihre dunkle Decke aus
und nach und nach verschwindet jedes Haus.

Wir schlafen, lassen unsre Träume wandern
und unsre Seelen ruhen in der Hand des andern.

Die Ferne ist jetzt nah, du bist bei mir
und alle Dinge heißen nur noch: wir.

Damals

Zahllose Male
hat mein Körper dich empfangen
Heimat gegeben und war da.

Doch dann
war da nur noch dein leerer Körper.
Dein Herz schlug irgendwo

und ich hielt deinen Körper
sanft und einsam.

Damals und heute

Es gab die Zeit
da lachte jeder Morgen
sein Zauber hielt mich fest
bis in die Nacht
die warm von Zärtlichkeit.

Der Faden ist gerissen
der mich mit jener Zeit verband
ich hatte das Geräusch
nicht wahrgenommen
so voll von Leben
wie ich damals war.

Die Nächte
sind jetzt kühl.
Aber am Tage
knüpf ich neue Fäden.

Ausgeträumt

Als ich dich hüllte
in meine Träume
warst du mein Glück.

Nun, da ich aufgewacht
und bei mir angekommen
bist du fort.

Plötzlich ist so viel Platz
In meinem Leben.

Allein

Meine Liebe sinkt
tief ins Ungelebte.

Lege die Flügel um mich
vergesse die Kühnheit des Flugs
stehe da, zitternd.

Licht verliert den Glanz
der Raum Tiefe
und Zeit den Geschmack der Erfüllung.

Halte mich fest an mir
allein.

Eine Art Liebe

Sich abmühen an den
Eigenheiten des andern
die nie verschwinden
und die eigenen
vergessen.

Abschied

Den Brief
den du nie schriebst
den trage ich in meinem Herzen.

Der Abschied
den wir niemals hatten
er schmerzt mich schon seit Langem.

Pietà

Ich halte die Erinnerung
sehr sanft
auf meinem Schoß.

Noch lebst du
doch dein Tod
er steht schon zwischen uns.

Getrennte Jahre
lasten kalt
auf meinen Schenkeln.

Ich halte
deinen Tod in Händen
und presse fest

dein Leben an mein Herz
und ich erstarre
im Moment des Todes.

Verlorene Zeit

Verschwunden
die Tage
golden schimmernd
von Zuversicht.

Vergessen
das Herzzittern
als deine Hand
mich berührte.

Verschollen
das Glück des Morgens
als mein erster Blick
dein Gesicht umfing.

Verloren gegangen
jener Tag
als die Welt für mich
unterging.

Gewonnen
dieser Tag.

KIN
DER

Als ich klein war

Als ich klein war
waren Ängste riesengroß.
Mama und Papa
fingen sie mir manchmal auf.

Doch manchmal
unvermittelt
machten sie mir
kleine Ängste groß.

Wie seltsam war die Welt der Großen
wie wenig wussten sie von mir.
Doch meine ganze Welt
die hielten sie in ihrer Hand.

Schwertlilien

Blaue Wächter in grünen Schäften
bewahren den Garten der Kindheit
mit Zauberern, Elfen und Träumen.

Najaden schwimmen im Meer von Kindertränen.
Die Hexe kichert im dunklen Tannengeäst
und Feen lächeln im Mandelbaum.

Wir Mütter

Damals
trugen wir neues Leben
voll Verantwortung, Zuversicht, Stolz und
Besorgnis
und ziemlich allein.

Wir gaben ihm mit
was wir hatten und wünschten
schützten, liebten und hegten es
bewahrten manches und doch nie alles.

Und eines Tages
steht es dann vor uns
mit eigenen Augen und Wünschen
unabhängig und doch immer

Teil unserer selbst.
Ein wenig anders, ein wenig wie wir
uns geheimnisvoll verbunden
und Lichtjahre entfernt.

Hände

Während ich den Teller spüle
schaue ich auf meine Hände.

Plötzlich scheinen sie mir fremd
seltsam vertraut
und doch nicht Teil von mir.

Es sind die Hände meiner Mutter
genauso sah ich sie
wenn sie den Teller spülte.

Mühsam
kehr ich zurück zu mir.

Kräutermilch

Willkommen, mein Kind!
Ich stille dich mit
Gänseblümchenaroma
und Wiesenkräuterwürze.

Später bekommst du
Löwenzahnmilch und
Butterblumenbutter
aus vollen Eutern über Wiesen.

Aber nie sollst du trinken
die bittere Milch
von Hass und Neid
und Ungetröstetsein.

Streifzug

Silberner Staub
steigt auf von seinen Schritten
sein Kinderkörper
wiegt sich leicht.

Er springt hinauf
um einen Zweig zu fassen
und dann entfernt er sich.

Ich seh ihm nach und gehe mit ihm mit.

Gespinst

Ich spinne um dich
Fäden der Liebe
unsichtbar.

Sie sollen dich schützen
in schweren Zeiten.
Nie soll dir Schmerz
das Herz zerreißen.

Aber sie können
dich nicht schützen
vor dir.

WA
CHE
NÄCH
TE

nächtliche ernte

erkunde ich
nachts
geheime
heilpfade

sinken
in wachen nächten
reife früchte
in meine seele

legen schlaflose stunden
verstohlen
ihre geschenke
in offene hände

aus der tiefe
samtdunkler nächte
berge ich schätze
für den tag

Krankheit

Sie hält den Löffel
wenn ich esse
und lähmt mir meine Finger.
Ein jedes Glied hat eine
neue Meldung:
halt an, sei langsam –
so, nicht so!

Sie liegt mit mir im Bett
liefert den Schmerz zum Schlaf
und hält mich wach.
Sie nimmt mir Zeit
die nun ganz ihr gehört.
Das Aufstehn ist nun
eine unvertraute Last.

Schnell geht nun langsam
leicht wird schwer.
Ich taste mich
durch einen fremden Tag
und möchte ihn
versöhnlich stimmen
damit er Leichtigkeit gewinnt.

Ungebetener Gast

Er sitzt auf meiner Haut
schleicht heimlich sich
in meinen Körper ein.

Verstohlen zieht er Kreise
eng um mich und
macht Bewegung schwer.

Ich habe ihn nicht eingeladen
und sein Geschenk
gefällt mir nicht.

Er lässt sich nicht vertreiben.
Unangemeldet
sitzt er mitten in mir.

Mein Körper

Du gibst mir Rätsel
über Rätsel auf –
ich kann sie nicht mehr lösen.

Sie werden immer tiefer
immer dunkler.
Dahinter gähnt ein
schwarzes Tor.

Versuche ich mich einzurichten
in dem, was heute ist
wirfst du mir neue Schwierigkeiten
vor meine müden Füße.

Halt ein, lass uns doch
Freundschaft schließen.
Ich brauche viel mehr Zeit.

Beschwerde

Die Knochen meines Skeletts
sind durch Schmerzpunkte verbunden.
Sie schreien beim Gehen und Bücken
und rächen sich für jede Bewegung.

Wie angenehm war es
als jede einzelne Bewegung
so leicht und unbemerkt gewesen war.

Heute beschwert sich jeder Muskel
er will gehätschelt werden
und ausnahmslos geliebt.

Aber noch lebe ich!

Die Treppe

Wie haben sich die Knie
heut erschreckt!

Ein Schock
beim ersten Schritt

größte Vorsicht
beim zweiten Schritt

sehr bedachtsam
der dritte Schritt

und dann langsam
den Schmerz begleiten.

Vorratshaltung

Ich fülle meine Scheune
für den Winter.

In die Sparren
hänge ich euer Lachen
dort funkelt es in der Herbstsonne.

Eure Briefe hefte ich an die Tür –
so sehe ich sie gleich
wenn ich sie schließe.

Momente des Glücks bewahre ich auf
unter der Luke.
Scheint die Sonne, leuchten sie hell auf.

Und eure Besuche sind ein bunter Teppich
gehäkelt aus unseren Gesprächen.
Darauf sitze ich
wenn es draußen
einsam kalt ist.

VOR
DEM
GE
HEN

Spinnweben

Ein zartes Gespinst
ist unser Leben:

gewebt aus Träumen
dem Hauch von Erfahrung
daran Tränen hängen
in der Sonne glänzend
Im Windhauch schwingend

aufgehängt zwischen Geburt und Tod.

Mein gutes Leben

Wache ich morgens auf
weiß ich noch immer, wo ich bin.
Manchmal folgt mir
das Echo eines Traums.

Meine Glieder gehorchen mir wieder
ohne dass ich sie inständig bitte.

Leg ich mich abends hin
umgibt mich weiche Wärme
erwartungsvolle Freude
auf sonderbare Träume.

Doch manchmal vor dem Schlaf
lauert ein unbestimmtes Dunkel.

So wache ich von Traum zu Traum.

Suche

Blind tasten wir
nach einander
um miteinander
vielleicht zu finden
wonach wir
alle suchen.

Und dann
im Glück des Findens
vergessen wir
die Suche.

Rätsel

Manchmal erinnere ich mich
an ein Geschehen,
das es nie gegeben hat.

Aus tiefen Brunnen steigen Worte auf
und es gelingt mir nicht,
sie zu enträtseln.

Ich gehe durch die Zeit hindurch
und sie bleibt
scheinbar unberührt.

Entschleiern möcht ich
das Geheimnis meines Lebens
und dann in seinem Wesen ruhn.

Leben

Wie seltsam ist dieses Leben –
wundersame Rumpelkammer überholter Ideen
Träume, unerfüllbar und kühn
und manchmal doch vollbracht
vergessene Menschen
verstaubte Schätze in Lumpen
Weisheit hinter törichten Gesichtern
voll Zärtlichkeit und Hass
nie vorhersehbar
und immer überraschend.

Mein Leben

Hineingesprungen
den Kopf angestoßen
hingefallen.

Aufgestanden
und langsamer gegangen
zu langsam.

Sterne vom Himmel geholt
und unterwegs verloren.

Kinder gewiegt
und im Loslassen nicht halten können.

Den Körper getragen
mit seinem Gewicht der Tage.

Angekommen
weggegangen
angekommen

und
Gehen.

Krieg

Schreit, ihr Vögel
krächzt, ihr Raben
fauche, Wind, es ist Krieg!

Nein, nicht bei uns.

Legt die Kinder schlafen
setzt euch zusammen
bei einem Glas Wein.

Hier singen die Vögel
und säuselt der Wind.

Im Park

Blätter
ausgebleicht vom Sommer
warten auf den letzten Sturm
der sie verweht

bewacht
von alten Augen
müde vom Sommer
und vom Leben.

Früher Tod

Wäre ich früher gestorben
meine Eltern
hätten mich für das geliebt
was ich hätte sein können.

So wurde ich nur
was ich bin.

Wäre ich früher gestorben
meine Kinder
hätten mich schrecklich vermisst
und gesehnt nach meiner Berührung.

Wir sehen uns
noch manchmal.

Dschingis Khans Reiterhorden preschen dahin
Hexen verbrennen in schreiender Glut
Gekreuzigte sterben im Blutrausch der Menge.

Aus Baumwunden wächst Moos
aus verbrannten Stümpfen junger Trieb
aus dem Feuersturm neues Leben.

Nichts ist ganz tot, verbrannt, verloren.
Wird es in Liebe gehalten
wächst aus loderndem Feuer Heilung.

Die Alte

Nah stehst du hinter mir
schaust mit halb blinden Augen
bereits in eine andre Welt.

Ich spür dich hinter mir
die ich einst werde sein
am Ende meiner Tage.

Du legst die Hand auf meine Schulter
und flüsterst: schau, geh, nimm
dies ist dein ganzes Leben.

Ernte

Jeden Tag
höre ich jetzt
das Kreischen der Säge.
Die Ernte der Bäume
wird eingebracht.
Es bleiben kahle Stellen
und hölzerne Wunden.

Ist mein Stamm
dereinst abgesägt
sollen dort Moose wachsen
Pilze und Flechten
und eine Waldmaus sich
manchmal an mich erinnern
ihr kurzes Leben lang.

Letzte Tage

Noch ein paar sonnige Tage vor der Kälte
bevor die Glieder steifer werden
und der Alltag mühsam.

Ich möchte ihn wissen
meinen letzten Sonnentag
um mich im Abschied
hineinfallen zu lassen
in letzte unbändige Freude

lebendig zu sein.

Bei mir

An jenem Tag
der keine Nacht mehr hat

trag ich mein Leben an den Ort, der alles hält
gehn meine Füße nur noch einen Weg
werde ich still in meinen Armen, die erstarren

und nie mehr
das Geringste
verlieren.

Inhalt

Marianne Mani-Preuß, 1947, Friedberg/Hessen. Theologiestudium in Marburg und Zürich, seitdem in der Schweiz – im Aargau, im Tessin und in Zürich. 2 Kinder.

Ausbildungen in Computeranwendung, Transpersonaler Psychologie, Erwachsenenbildung, Mediation und kontemplativer Psychologie.

Langjährige Tätigkeit bei FRAGILE Suisse, Organisation für hirnverletzte Menschen. U.a. Entwicklung und Durchführung von Weiterbildungen für Fachpersonen und Interessierte in Zusammenarbeit mit hirnverletzten Menschen.

Ausstellung von Bildern und Fotos in Tiflis, Georgien und Schwarzenberg/Matt, Luzern.

Dank

Mein Dank gilt allen, die mich zu diesem Buch ermutigt haben, besonders Elisabeth, Marianne, Monika und Petra. Sehr hilfreich war mir die kritische und unterstützende Begleitung von Anne Rüffer und ihrem Team.